La Copa del Mundo 2022, ¿Construida sobre 6.500 Calaveras y Odio?

Cómo Qatar soborna al Mundo del Fútbol, Utiliza la Esclavitud Moderna y Promueve la Desigualdad

Edición 3.0

MEDIOS DE PRENSA REBELDES

Descargo de responsabilidad

La FIFA niega las acusaciones

Gianni Infantino niega notablemente que al menos 6.500 personas hayan muerto en la construcción de los estadios de la Copa del Mundo en Qatar, tal y como informaron previamente varias autoridades a The Guardian. Según el presidente de la FIFA, el número real de muertos es sólo de tres. "Y siguen siendo tres de más", dijo Infantino en el Consejo de Europa en Estrasburgo, que había invitado al presidente de la FIFA.

The Guardian calculó en febrero de 2021 que al menos 6.500 personas murieron en Qatar durante los trabajos para la próxima Copa del Mundo. Se trataba de trabajadores inmigrantes que, por ejemplo, estaban construyendo los estadios o los aeropuertos que debían estar allí para el torneo. El número total de muertes fue reportado por India, Pakistán, Nepal, Bangladesh y Sri Lanka; los cinco países asiáticos de donde provienen muchos trabajadores migrantes. Es probable que el número total de muertes sea mucho mayor porque muchos trabajadores también proceden de Filipinas y Kenia, por ejemplo. Estos países no han revelado las cifras.

Se trata, pues, de tasas de mortalidad comunicadas por los países de los que proceden los trabajadores inmigrantes. Sin embargo, Infantino parece culpar a "los medios de comunicación". "Tengo que corregir algunas cosas", dijo el suizo en Estrasburgo. "Todavía puedo aceptarlo de algunos medios de comunicación, pero también escucho hoy aquí que 6.500 personas murieron en Qatar. Eso simplemente no es cierto. Las cifras reales son: tres personas murieron. Y eso sigue siendo tres de más". Infantino no aporta ninguna prueba de esa afirmación.

Infantino también rechaza que los trabajadores de Qatar tengan que trabajar en condiciones deplorables, como se ha informado ampliamente en varios medios internacionales. "Con el trabajo, damos dignidad a la gente", dijo el jefe de la FIFA. "Las condiciones de trabajo son las mismas que en Europa". Infantino también causó revuelo un día antes con unas declaraciones sobre los refugiados africanos.

En la reunión de Estrasburgo, Infantino defendió su plan de celebrar un Mundial bienal. Al hacerlo, el jefe de la FIFA insinuó que su idea podría garantizar que menos migrantes africanos mueran al cruzar a Europa. Infantino dijo que "el fútbol puede ayudar a mejorar la vida de la gente en todo el mundo". "Tenemos que dar esperanza a la gente con este tipo de proyectos para que no quieran huir más", dijo. Infantino rectificó esas citas momentos después, diciendo que hablaba en general de planes que pueden contribuir al desarrollo del continente africano.

3

Índice de contenidos

Descargo de responsabilidad   1

La FIFA niega las acusaciones   2

Índice de contenidos   4

La historia de las acusaciones de la FIFA   5

¿Un pasado de escándalos?   8

¿El embajador de la Copa del Mundo es homófobo?   12

Detenciones en Qatar   14

Qatar obliga a los trabajadores inmigrantes a desplazarse?   16

Amnistía Internacional está cabreada.   19

Ultimátum para la FIFA   21

¿La historia se repite?   24

¿Los escándalos de Sudáfrica y Brasil?   29

¿La moral de la hipocresía?   36

¿Cómo ocurrió en Qatar?   38

¿Esclavos o trabajadores?   47

La FIFA debe asumir su responsabilidad.   52

¿Qatar quiere comprar el reconocimiento?   60

Las normas en Qatar   62

La historia de las acusaciones de la FIFA

Catorce personas, nueve de ellas relacionadas con el organismo rector del fútbol mundial, la FIFA, fueron acusadas en mayo de 2015 por la Oficina Federal de Investigaciones (FBI) de Estados Unidos por sospechas de soborno, extorsión y blanqueo de dinero durante varios años. Siete funcionarios de la FIFA fueron detenidos el 27 de mayo en el Hotel Baur au Lac de Zúrich. Se espera que sean extraditados a Estados Unidos como sospechosos de haber recibido 150.000.000 de dólares en sobornos.

Las detenciones se produjeron en torno al 65º Congreso de la FIFA, en el que se iba a elegir un nuevo presidente de la organización futbolística. Varias asociaciones de fútbol, especialmente las europeas, exigieron la salida del presidente en funciones, Sepp Blatter. Sin embargo, Blatter no se retiró, derrotando a su candidato opositor, el Príncipe Alí, en la elección presidencial con 133 de 209 votos. Unos días más tarde, todavía anunció su marcha, diciendo que no tenía el apoyo de todo el mundo del fútbol.

Las detenciones giran principalmente en torno a las sospechas de soborno, fraude y blanqueo de dinero en la asignación de los derechos de difusión y comercialización de los partidos de la FIFA en América y en la Copa América Centenario 2016 en Estados Unidos. Las acusaciones también se refieren a sobornos en el patrocinio de ropa de fútbol, en el proceso de selección del país anfitrión de la Copa del Mundo de 2010 y en la elección presidencial de la FIFA de 2011.

Chuck Blazer, antiguo funcionario de la CONCACAF, ayudó al FBI en la investigación tras su declaración secreta de culpabilidad en un juicio de 2013.

El 21 de diciembre, el comité de ética de la FIFA suspendió a Sepp Blatter y a Michel Platini durante ocho años por violar el código ético. Blatter será multado con 50.000 francos suizos y Platini deberá pagar 80.000 francos suizos. Ambos están inhabilitados para cualquier actividad relacionada con el fútbol a nivel nacional e internacional.

En mayo de 2016, se reveló que Sepp Blatter y otros dos exdirectivos de la FIFA se enriquecieron con 72 millones de euros. Se trata de Jerome Valcke, ex secretario general de la FIFA, y Markus Kattner, que fue director financiero de la federación mundial de fútbol. Los tres ex altos ejecutivos de la FIFA se dieron supuestamente a sí mismos y a los demás fuertes aumentos de sueldo anuales, se asignaron primas de la Copa del Mundo y se repartieron otras primas entre ellos. Según la FIFA, existía un modus operandi coordinado entre el trío, que anteriormente se vio obligado a dimitir por el escándalo de sobornos y corrupción en la federación mundial de fútbol. Todos estos sobreprecios financieros no coincidían con las cifras de los registros oficiales.

La FIFA entregó los resultados de la investigación interna a la fiscalía de Suiza. La federación mundial de fútbol también informará al Departamento de Justicia de Estados Unidos. Ambos organismos están investigando las malas prácticas en la FIFA.

A mediados de 2019, Jack Warner, ex vicepresidente de la FIFA, fue condenado por un juez de Nueva York a una cuantiosa multa de 79 millones de dólares. El caso había sido presentado por la CONCACAF, la federación de fútbol de América del Norte, Central y el Caribe, donde Warner estuvo al frente hasta su suspensión en 2011. Warner fue acusado de malversación y corrupción y fue suspendido de por vida por la federación mundial de fútbol. Warner sigue en libertad bajo fianza en Trinidad y Tobago, pero Estados Unidos tiene pendiente una solicitud de extradición contra él.

¿Un pasado de escándalos?

La detención de seis funcionarios de la FIFA supone un nuevo escándalo para la federación mundial de fútbol. En los últimos años, la asociación ha pasado de un incidente a otro.

El escándalo de ISL: Entre 1992 y 2000, la empresa ISL pagó sobornos a funcionarios de la FIFA, incluido el entonces presidente brasileño Joao Havelange. La empresa de marketing compró los derechos de transmisión de importantes eventos por millones y los revendió. Altos cargos de la FIFA se embolsaron "importantes sumas de dinero", según reveló una investigación de 2013. El actual presidente, Sepp Blatter, quedó impune, aunque los investigadores se preguntaron en voz alta si no debía conocer la corrupción.

Elecciones 1998: La elección presidencial, poco antes del Mundial de Francia, no está exenta de sospechas. Blatter derrota al sueco Lennart Johansson y se convierte en presidente. Antes de la elección, se rumorea que los delegados africanos fueron sobornados en un hotel de París. Blatter siempre ha rechazado esa acusación.

Los Mundiales de 2018 y 2022: Supuestamente se pagaron sobornos a la FIFA por parte de Rusia y Qatar, los organizadores de los Mundiales de 2018 y 2022, para asegurar esos torneos. En 2010, ambos países se adjudicaron de hecho la organización. La FIFA investigó más tarde las numerosas acusaciones de soborno, pero concluyó el año pasado que no hubo violaciones graves de las normas. Este resultado también está siendo cuestionado.

Elecciones 2011: Blatter encontró un serio aspirante a la presidencia de la FIFA en 2011 en la persona de Mohammed bin Hammam, de Qatar. Sin embargo, Bin Hammam se retiró de la elección porque fue acusado de soborno. Supuestamente, sobornó a funcionarios caribeños en su búsqueda de la presidencia. Al mismo tiempo, hay acusaciones de que Bin Hammam transfirió dinero a funcionarios para la organización de la Copa del Mundo en Qatar. La federación de Qatar lo niega.

Entradas para el Mundial: Varias veces funcionarios de la FIFA entraron en el mercado negro con entradas para el Mundial, según las acusaciones. El principal sospechoso es Jack Warner, de Trinidad y Tobago, que ha sido nombrado en numerosos escándalos de la FIFA. Supuestamente revendió entradas en 2002 y 2006 y ganó mucho dinero con ellas. Ismail Bhamjee, de Botsuana, también revendió supuestamente entradas en 2006. En 2014, el hijo del alto funcionario argentino de la FIFA Julio Grondona supuestamente revendió entradas.

1973 - João Havelange en el poder
João Havelange empuñó el cetro como presidente de la FIFA de 1973 a 1998. El brasileño, que ahora tiene 99

años y es más o menos el mentor de Blatter, al parecer no llegó al poder de forma muy limpia.

El periodista de investigación alemán Thomas Kistner escribe en su libro FIFA Mafia que Havelange sobornó a los miembros de la junta directiva africana para destituir al británico Stanley Rous como máximo dirigente de la FIFA. Horst Dassler, hijo del fundador de Adidas, habría participado en ello. Dassler es conocido como el fundador del comercio en el deporte. La "estrecha colaboración" entre la FIFA y la empresa de marketing ISL también puede atribuirse a Havelange y Dassler.

El experto de la FIFA Andrew Jennings también acusó a Havelange de corrupción. El brasileño habría aceptado gigantescos sobornos por contratos de marketing y televisión.

1986 - La ISL soborna a altos cargos de la FIFA por los derechos de emisión
De hecho, el propio Dassler fundó la empresa de marketing ISL. La organización suiza pagó decenas de millones de euros en sobornos a altos funcionarios de la FIFA para comprar los derechos de transmisión de los Mundiales, por ejemplo.

Como resultado, el ex presidente Havelange pudo acreditar en su cuenta bancaria más de un millón de euros en sobornos. Todo esto salió a la luz en un proceso judicial, tras el cual Havelange entregó su

presidencia honoraria de la FIFA en 2013. Blatter aún
era secretario general en ese momento y negó
cualquier implicación.

Por cierto, ISL ya no existe. La empresa quebró en 2001
debido a unas deudas desorbitadas.

1992 - Marruecos intenta el soborno para el Mundial de
1998.
A Francia se le concedió la Copa del Mundo de 1998,
pero su rival, Marruecos, supuestamente hizo intentos
de soborno. Esto es según una declaración del ex
miembro de la junta directiva Chuck Blazer al FBI. No se
sabe si Francia también puso dinero para asegurarse el
torneo.

1998 - "Blatter fue elegido con sobornos
En 1998, Blatter sucedió a su mentor Havelange como
presidente de la FIFA. Derrotó al presidente sueco de la
UEFA, Lennart Johansson, pero esa batalla electoral no
fue del todo tranquila. Al parecer, se entregaron
sobornos a ejecutivos africanos para que votaran a
favor de Blatter.

Un africano incluso se habría dejado por error su sobre
de dinero en el hotel. Blatter rechazó todas las
acusaciones.

¿El embajador de la Copa del Mundo es homófobo?

El ex futbolista qatarí Khalid Salman, embajador de la Copa del Mundo que comienza el 20 de noviembre en su país, ha hecho comentarios poco amables sobre la comunidad LGBTQ+ y las mujeres en un documental alemán. Calificó la homosexualidad de "daño mental". Además, los LGBTQ+ pueden acudir al Mundial en su país, pero deben "aceptar las normas qataríes", advirtió Salman. Según él, es mejor que las mujeres se queden en casa.

El embajador de Qatar en la Copa del Mundo hizo estas declaraciones en un documental de la ZDF alemana.

Ese documental se emitirá el martes por la noche.

"Durante el Mundial, mucha gente entra en el país. Por ejemplo, los gays", dijo Salman. "Lo más importante es que todo el mundo acepte que vengan aquí. Pero tendrán que aceptar nuestras reglas".

Salman tiene un problema especial con que los niños vean a personas homosexuales porque aprenderían algo que él cree que no es correcto. En su opinión, la homosexualidad es haram y, por tanto, está prohibida. "Es una enfermedad mental", dijo.

La entrevista finalizó rápidamente tras esta declaración del portavoz del comité organizador.

Los grupos de interés de la comunidad LGBTQ+ quieren una advertencia de viaje

El gobierno alemán debe emitir una advertencia de viaje, dijo el martes la LSVD. La LSVD es el mayor grupo de interés de la comunidad LGBTQ+ en Alemania y es comparable al COC holandés.

Alfonso Pantisano, miembro de la junta directiva de la LSVD, calificó las declaraciones de Salman de "inquietantes, pero no sorprendentes". "Siguen revelando la actitud homófoba del régimen de Qatar. Esperamos que el Ministerio de Asuntos Exteriores alemán emita una clara advertencia de viaje para todas las personas pertenecientes a la comunidad LGBTQ+."

El COC de los Países Bajos también reaccionó a la sentencia. "Esto es, por supuesto, terrible". La organización subraya que se necesita mucho más que la advertencia de viaje ya emitida por los Países Bajos. "Nuestro gobierno, otros países, la FIFA, la KNVB y todos los implicados deben pedir urgentemente a Qatar que mejore los derechos humanos de las personas LGBTQ+".

Al COC no sólo le preocupa que las personas LGBTQ+ puedan viajar con seguridad a Qatar, sino también la situación de la comunidad LGBTQ+ en el propio país. "Lo mismo ocurre con el tratamiento de los derechos humanos de las mujeres, los trabajadores migrantes y otros en el estado del Golfo".

13

Detenciones en Qatar

Las autoridades del Servicio de Seguridad Preventiva de Qatar detuvieron arbitrariamente a personas lesbianas, gays, bisexuales y transexuales, concluyó el lunes Human Rights Watch en una investigación. Las víctimas fueron maltratadas y abusadas sexualmente en prisión.

Human Rights Watch (HRW) documentó seis casos de agresión agravada y cinco casos de agresión sexual hacia los LGBTQ bajo custodia policial entre 2019 y 2022.

Al parecer, las víctimas fueron detenidas en lugares públicos y se registraron sus teléfonos. La homosexualidad es ilegal en Qatar.

HRW entrevistó a seis víctimas, algunas de las cuales afirman haber sufrido abusos en fecha tan reciente como septiembre de 2022.

Rasha Younes participó en las entrevistas como investigadora de derechos LGBTQ en Human Rights Watch. "Mientras Qatar se prepara para acoger la Copa del Mundo, las fuerzas de seguridad están deteniendo y maltratando a los LGBTQ por ser quienes son", afirmó. "Al parecer, lo hacen con la confianza de que los abusos de las fuerzas de seguridad no se denunciarán ni se controlarán".

La liberación de las mujeres transexuales les obligó a someterse a una terapia de conversión en un centro de "salud conductual" patrocinado por el gobierno.

A las víctimas se les negó la asistencia jurídica
Todos los entrevistados dijeron que estaban recluidos en una prisión subterránea de la capital, Doha. Aquí los presos sufrieron abusos mentales, verbales y físicos. A las víctimas se les negó el acceso a la asistencia jurídica, a la familia y a la atención médica. Las seis víctimas entrevistadas dijeron que la policía les obligó a prometer que "dejarían las actividades inmorales".

Una de las víctimas estuvo recluida en una celda de aislamiento durante dos meses sin acceso a asistencia letrada. No se registró ninguna de las seis detenciones, por lo que los familiares desconocen lo que les ocurrió a las víctimas.

Hace tiempo que se critica la controvertida Copa del Mundo que se celebra en Qatar, ya que el país lleva años en el punto de mira por las violaciones de los derechos humanos. Según The Guardian, miles de trabajadores han muerto en la construcción de los estadios. Hace una semana, Qatar fue designada sede de la Copa de Asia 2023.

Qatar obliga a los trabajadores inmigrantes a desplazarse?

Qatar ha evacuado los edificios de apartamentos de la capital, Doha, antes de la Copa del Mundo. Los miles de trabajadores extranjeros que viven allí están siendo obligados a abandonar sus apartamentos sin previo aviso. Algunos tienen que dormir ahora en colchones en la calle. El Estado del Golfo quiere alojar a los aficionados al fútbol en los edificios.
Según la agencia de noticias Reuters, hay más de una docena de grandes edificios de apartamentos implicados.

Las autoridades no habían anunciado el desalojo con antelación. A los residentes de un edificio del barrio de Al Mansoura, que según los vecinos albergaba a 1.200 personas, se les comunicó sobre las 20:00 horas (hora local) del miércoles que debían abandonar el lugar en un plazo de dos horas.

Hacia las 22:30 horas, fueron literalmente expulsados de sus casas y las puertas del edificio fueron cerradas. Algunos de los hombres, que aún no se habían enterado de la acción, ni siquiera habían regresado a tiempo para recoger sus pertenencias. "No tenemos adónde ir", dijo un hombre a Reuters al día siguiente.

Los trabajadores inmigrantes deben dejar paso a los aficionados al fútbol

16

Los trabajadores inmigrantes que llevaban tiempo ganándose la vida en el Estado del Golfo también fueron víctimas. Mohammed, un conductor de Bangladesh, dijo que llevaba 14 años viviendo en el mismo barrio cuando el ayuntamiento le dijo el miércoles que tenía 48 horas para abandonar el lugar. Lo compartió con otras 38 personas.

Dijo que los trabajadores que construyeron la infraestructura para Qatar están siendo apartados a medida que se acerca el torneo. "¿Quién hizo los estadios? ¿Quién hizo las carreteras? ¿Quién hizo todo? Bengalíes, pakistaníes. Ahora están haciendo que nos vayamos todos".

El anfitrión Qatar es controvertido por varias razones El torneo, que comienza el 20 de noviembre, es muy controvertido por las condiciones en las que tuvieron que trabajar los trabajadores, en su mayoría asiáticos y africanos, durante la construcción de los estadios y las infraestructuras necesarias. Se dice que esas condiciones han sido tan malas que muchas personas han resultado heridas o muertas.

No sólo es controvertida la construcción de los estadios. También hay muchas críticas a los derechos humanos en el país. Por ejemplo, la homosexualidad está prohibida, los LGBTQ parecen ser arrestados sin perdón y en muchos hoteles sólo se puede alquilar una habitación con la pareja si se está casado. Además,

17

Qatar supuestamente sobornó al personal de la FIFA para que se le permitiera organizar la Copa del Mundo.

Un portavoz del gobierno de Qatar declaró el sábado que los desalojos no tenían nada que ver con la Copa del Mundo. Se dice que el enfoque del gobierno forma parte de los planes a largo plazo para renovar partes de Doha. Según el portavoz, todos han recibido un nuevo alojamiento y las solicitudes de desalojo "se han llevado a cabo con la debida antelación".

Amnistía Internacional está cabreada.

Amnistía Internacional reaccionó el viernes con furia a la notable carta de la FIFA firmada por el presidente Gianni Infantino. En la carta, la federación mundial de fútbol pedía a todas las naciones que participan en la Copa del Mundo que "se centren totalmente en el fútbol".

"Si Infantino quiere que el mundo 'se centre en el fútbol', hay una solución sencilla: La FIFA podría empezar a ocuparse de una vez de las graves violaciones de los derechos humanos en lugar de esconderlas bajo la alfombra", escribió la organización de derechos humanos en un comunicado.

La declaración responde a la carta de la FIFA. En la carta, la federación mundial de fútbol pide a los países participantes en la Copa del Mundo que no se involucren en "las batallas ideológicas y políticas que existen en el mundo."

En vísperas del inicio del torneo, un número creciente de países ha expresado sus críticas a Qatar en las últimas semanas. El emirato es criticado principalmente por su mal trato a los trabajadores invitados y la violación de los derechos humanos. Por ejemplo, la homosexualidad está castigada en el emirato.

"Un primer paso sería que la FIFA defendiera públicamente la creación de un fondo de compensación para los trabajadores migrantes y se asegurara de que los lhbtis no son discriminados ni acosados", continúa Amnistía en el mensaje.

Amnistía cree que la FIFA debería actuar en su lugar Según Amnistía, la FIFA debería, por el contrario, tomar medidas. Según la organización de derechos humanos, la asociación debería comprometerse con el fondo de compensación, al que Qatar renunció recientemente. El ministro del emirato desestimó anteriormente las peticiones de dicho fondo como "un truco publicitario" de otros países.

"Cientos de miles de trabajadores han sido utilizados para hacer posible este torneo y sus derechos no pueden ser olvidados o esgrimidos. Es alucinante. Se merecen justicia y compensación, no promesas vacías, y el reloj sigue corriendo", dice el comunicado.

"Queremos que estas cuestiones se aborden antes de que comience el Mundial", informa la organización, que está trabajando con otros países europeos en esta cuestión. "Queremos una respuesta convincente, que la FIFA ya nos ha prometido varias veces".

Ultimátum para la FIFA

El grupo de trabajo europeo en conversaciones con la FIFA sobre derechos humanos ha dado un ultimátum a la federación mundial de fútbol y quiere que ésta se pronuncie antes de finales de octubre sobre un fondo de compensación para los trabajadores inmigrantes que sufrieron durante la construcción de los estadios para el Mundial de Qatar.

La FIFA prometió anteriormente que se sinceraría antes del verano, pero con la proximidad de la Copa del Mundo, la asociación se mantiene al margen del asunto.

El miércoles pasado, el grupo de trabajo y la federación mundial de fútbol se sentaron a la mesa. Pero eso no ha surtido aún el efecto deseado, por lo que ahora se exige una declaración en breve.

Cuáles serán las consecuencias si la FIFA se retrasa de nuevo, Gijs de Jong, secretario general de la KNVB, aún no lo ha dicho. Forma parte del grupo de trabajo europeo sobre derechos humanos, en el que participan las asociaciones de fútbol alemanas, inglesas y escandinavas.

"Al menos vamos en esa dirección, pero nos plantearemos qué hacer si esto no se arregla", dijo De Jong. Quien cree que a la FIFA "no le gustará mucho el ultimátum", pero sigue confiando en que la claridad llegará pronto. "Llevamos un año y medio trabajando en ello. Estamos a cinco semanas del Mundial. Ya es hora de que haya claridad".

El mes pasado, la KNVB, a través de un grupo de trabajo de la UEFA, intensificó la presión sobre la FIFA para conseguir un fondo de compensación para los inmigrantes. Desde mayo, Amnistía Internacional, Human Rights Watch y los sindicatos piden a la FIFA que compense a los trabajadores mediante un fondo por los daños sufridos. Piden 440 millones de dólares. Varios de los principales patrocinadores de la Copa del Mundo también se han sumado.

La FIFA sigue hablando de tres muertes
La FIFA respondió en una carta enviada al grupo de trabajo de la UEFA el 28 de septiembre, que está en manos del NIS. En la carta, la FIFA escribió que 't reconoce la importancia de la compensación para los trabajadores migrantes en Qatar, y que los familiares han sido compensados por los tres trabajadores muertos en la construcción de los estadios de la Copa del Mundo.

Periodistas de investigación y organizaciones de derechos humanos han calculado que miles de personas han muerto en las obras de construcción desde que se concedió la Copa del Mundo a Qatar. Ruud Bosgraaf, de Amnistía Internacional, respondió a principios de esta semana a la declaración de la FIFA de que se trataría de tres víctimas. "Se trata de muchas decenas de miles de trabajadores que murieron, resultaron heridos o nunca recibieron el pago completo de sus salarios".

Además de un fondo de compensación, la KNVB también quiere que se establezcan en Qatar los llamados centros de migrantes. Estos centros deberían centrarse en los derechos de los trabajadores migrantes, incluso después de la Copa del Mundo. Las conversaciones sobre este tema también están en curso. "Pero queremos compromisos", dice De Jong. No es de extrañar que no los haya cuando el Mundial comienza dentro de cinco semanas, dice De Jong, "pero queremos que la FIFA se pronuncie claramente".

¿La historia se repite?

Acoso y trabajo en condiciones climáticas extremas: la explotación en la construcción de los estadios de la Copa del Mundo de Rusia

Los obreros que trabajan en Rusia en la construcción de los estadios que albergarán la Copa del Mundo dentro de exactamente un año están siendo explotados e intimidados.

En un informe publicado hoy, Human Rights Watch describe cómo a los trabajadores procedentes de zonas pobres de Rusia o de países como Tayikistán, Uzbekistán y Kirguistán, por ejemplo, se les niegan regularmente contratos oficiales y a veces no se les paga durante meses. Además, los trabajadores trabajan durante horas sin ropa adecuada en condiciones extremas, con temperaturas de hasta 25 grados bajo cero.

Cuando se denuncian estas condiciones de trabajo, los trabajadores son amenazados o enviados a casa. Y cuando los observadores de la federación mundial de fútbol Fifa inspeccionan las obras, los trabajadores son obligados a permanecer en sus casas. La organización de derechos humanos llevó a cabo una investigación en seis de las 12 ciudades donde se juega. HRW habló con 42 trabajadores en Moscú, San Petersburgo, Kaliningrado, Rostov, Ekaterimburgo y Sochi.

Acoso, despido, detención
El informe se hace eco de las conclusiones de las organizaciones de derechos humanos justo antes de los Juegos Olímpicos de Sochi de 2014. También entonces se intimidó a los trabajadores, se les despidió cuando pidieron aclaraciones y se les mantuvo en detención forzosa.

HRW denunció la postura de la Fifa. Así que la federación de fútbol sabía lo que podía pasar, dice el director de HRW, Minky Worden. "Sabían cómo se hacen las cosas en Rusia y tienen la obligación de prestar atención a esto. Eso no se hizo".

Describe San Petersburgo, donde el sábado se jugará el partido inaugural de la Copa Confederaciones, el tradicional torneo de preparación un año antes del Mundial. Una investigación de la revista noruega Josimar descubrió que los norcoreanos, entre otros, eran utilizados "como esclavos" en la construcción. También se utilizaron norcoreanos en los trabajos de construcción del estadio Mokouse Luzhniki de Moscú, según demostró el mes pasado un reportaje de la cadena de televisión alemana ARD.

Las autoridades rusas niegan rotundamente las acusaciones de violaciones de los derechos humanos. Los derechos humanos "se utilizan como arma en una lucha política", dijo recientemente la portavoz del Ministerio de Asuntos Exteriores, Maria Zakharova.

Sistema mejorado
La FIFA cuenta desde hace un año con lo que dice ser un sistema mejorado de control de las violaciones de los derechos humanos. El jueves se publicó un informe de progreso. En 2016 y 2017, se realizaron 59 visitas a estadios en Rusia. Cada trimestre se realiza una visita de dos días a cada estadio, dijo la Fifa.

La liga no escribe nada sobre los resultados de esas visitas, excepto sobre la situación en San Petersburgo. Recientemente, la Fifa no pudo negar que los trabajadores norcoreanos estuvieran efectivamente trabajando en condiciones deplorables. En una inspección realizada en marzo, ya no estaban presentes, dijo el sindicato en un comunicado.

Según el sindicato ICM, que trabaja con la Fifa, al menos 17 personas han muerto en la construcción de estadios desde el año pasado hasta ahora. Son menos que en Qatar, que acogerá el Mundial de 2022 y ha sido muy criticado por la situación de los trabajadores, pero más que en anteriores Mundiales.

Hasta 17 trabajadores mueren durante la construcción de los estadios del Mundial de Rusia
Rusia es desastrosa cuando se trata de acoger un gran acontecimiento deportivo. Durante la construcción de los estadios de la Copa del Mundo, tras la friolera de 70 muertos en Sotchi, esta vez han muerto 17 trabajadores.

Así se desprende de un informe de Human Rights Watch distribuido el miércoles. A un año del comienzo de la Copa del Mundo, las miradas ya están puestas en los derechos humanos en Rusia. Por ejemplo, Human Rights Watch presenta un informe mordaz sobre la construcción de seis estadios de la Copa del Mundo, en los que los obreros que trabajan en ellos tienen que esperar meses para cobrar sus salarios o incluso a veces no cobran nada.

Algunos trabajadores incluso tuvieron que seguir trabajando a temperaturas de hasta 25 grados bajo cero sin mucha protección. "Esto debería ser una llamada de atención", dijo Ambet Yuson, gran jefe de una organización de trabajadores de la construcción, al New York Times.

"Ya tienen la experiencia de Sotchi y tienen que aprender de ella. Si miran hacia atrás en Sotchi, pueden ver que la mayoría de los accidentes ocurrieron al final de la construcción. Ya deberían saberlo".

Mafia de la FIFA
"La promesa de la FIFA de dar importancia a los derechos humanos se está poniendo a prueba en Rusia. Y la FIFA no está cumpliendo la promesa", dijo Jane Buchanan, directora de Human Rights Watch en Europa y Asia Central.

La organización mundial de fútbol dijo que las acusaciones no son ciertas. La FIFA dice que hace "más

esfuerzos que cualquier otra organización deportiva"
para proteger los derechos humanos y de los
trabajadores.

¿Los escándalos de Sudáfrica y Brasil?

El periodista sudafricano Craig Tanner pinta un cuadro desconcertante de las consecuencias de la Copa del Mundo en Sudáfrica y Brasil.

Según la FIFA, es una gran fiesta para todos. Pero con los recientes escándalos de sobornos y las detenciones de funcionarios de la FIFA, está surgiendo un sombrío mundo de conflictos de intereses y enriquecimiento personal. Detrás de los sucesivos escándalos de corrupción de la FIFA hay muchos más problemas. La FIFA factura y obtiene beneficios durante los Mundiales.

Mientras que los países organizadores se ven obligados a invertir mucho dinero en instalaciones para los aficionados al fútbol. A cambio, la FIFA promete a los países un aumento del turismo y de las economías locales. Pero, según la población, están pagando un precio demasiado alto por la fiesta del fútbol.

Es un club sediento de sangre que llega por un tiempo, hace grandes promesas y luego se va a chupar sangre a otra parte", dice el profesor de sociología A. Desai, de la Universidad sudafricana de Johannesburgo, sobre la FIFA.

Romàrio de Souza Faria, máximo goleador brasileño y ex internacional de fútbol que jugó en el PSV, entre otros, tampoco tiene buenas palabras para la Federación Mundial de Fútbol:

' El Mundial es para los extranjeros, para los ladrones que roban a nuestro país. '

Más de 1.000 trabajadores de la construcción murieron

Mientras el FBI y la fiscalía suiza investigan los sobornos y el reparto de la Copa del Mundo, se preparan los próximos Mundiales de Rusia en 2018 y de Qatar en 2022. Qatar lo niega, pero según la coalición internacional de sindicatos, ya han muerto más de mil trabajadores de la construcción por situaciones laborales inseguras.

Los preparativos para los anteriores Mundiales de Brasil en 2014 y Sudáfrica en 2010 también están produciendo consecuencias drásticas.

Costes elevados

Romàrio es ahora parlamentario en Brasil. Cuando se entera de que Brasil puede organizar la Copa del Mundo en 2014, se emociona. Pero eso no dura mucho: "Empecé a seguir de cerca lo que estaba pasando y me llamó la atención que estábamos gastando el doble de lo que pensábamos en la construcción de los estadios de fútbol". El aumento de los costes es una espina clavada para muchos brasileños.

Durante años, el gobierno no ha invertido ni un céntimo en servicios públicos importantes como la educación, la vivienda y la sanidad. También se están demoliendo casas para construir infraestructuras para los turistas del fútbol.

Millones de personas salen a la calle y se producen violentos disturbios con la policía y el ejército. El profesor visitante C. Gaffney, de la Universidad de Río de Janeiro: ' Así que en 2014, una Copa del Mundo llegó a expensas de una generación de escolares que no encuentran un médico en las urgencias'.

Brasil subvenciona los beneficios de la FIFA
Según el gobierno brasileño, el coste fue realmente un dinero bien gastado y proporciona mejoras en la infraestructura. Los opositores consideran que las nuevas instalaciones, como los aeropuertos, sirven principalmente a las capas altas de la población.

También aporta beneficios económicos, según el teniente de alcalde N. Campeão, de São Paulo: ' Todo lo que entra en Brasil a través del turismo, por ejemplo, son ingresos para nuestro país'. Pero según el profesor visitante C. Gaffney, de la Universidad de Río de Janeiro, a Brasil sólo le cuesta dinero, mientras que a la FIFA le reporta un volumen de negocio histórico de más de 4.000 millones de euros: ' El Mundial costó 7.000 millones de euros, de los cuales 2.000 millones corresponden a los estadios. Así que en un país con bajos costes de mano de obra, construyen estadios carísimos, pero no hay dinero para las infraestructuras esenciales. Es básicamente una subvención brasileña para los beneficios de la FIFA'.

31

Estadios inútiles

Los 12 estadios de última generación se están terminando a tiempo. El ritmo de las obras es asesino y la construcción y renovación provocan múltiples muertes. Se advierte de antemano que al menos 4 estadios quedarán inservibles después del Mundial. Por un cuarto de billón de euros, por ejemplo, aparece un estadio en medio de la remota Amazonia en una ciudad sin un club de primera. El palacio del fútbol apenas se utiliza. Hay planes para convertirlo en una cárcel.

Los niños de la calle y los vagabundos son eliminados brutalmente

También en Sudáfrica, las impresionantes estructuras del festival de fútbol de 2010 están ahora casi vacías. La selección holandesa alcanzó allí el segundo puesto. La euforia es grande. Pero incluso en Sudáfrica, la historia entre bastidores es menos halagüeña. Según Amnistía Internacional, fuera de la vista de los turistas y de los medios de comunicación, los niños de la calle y los vagabundos están siendo brutalmente retirados de las calles.

El comentarista político D. McKinley: ' Creo que este Mundial, como siempre, es todo apariencia e imagen. Los estadios y lo que el mundo ve en la televisión son más importantes que lo que realmente ocurre entre bastidores'.

3.000 millones de euros de ingresos

Hasta entonces, el Mundial de Sudáfrica es el torneo de fútbol más rentable de la historia. Los derechos de televisión y las aportaciones de los patrocinadores proporcionan a la FIFA más de 3.000 millones de euros de ingresos.

Pero para Sudáfrica, los costes se le van de las manos, según el economista S. du Plessis: "La estimación original era que la infraestructura del torneo costaría menos de 200 millones de euros, pero el coste real se acercará a los 2.000 o 3.000 millones de euros".

Se necesita un importante programa de construcción y renovación para acondicionar 10 estadios que cumplan los requisitos de la FIFA. El gobierno sudafricano pagará 1.000 millones de euros. Habrá 5 nuevos estadios de fútbol. También en ciudades donde ya hay grandes estadios. Ahora, más de cinco años después, los costes de mantenimiento de algunos estadios no utilizados siguen siendo de 300.000 euros al mes.

Capitalismo extremo
La Asociación de Fútbol reflejó un futuro brillante para Sudáfrica con su alta asistencia, los puestos de trabajo adicionales y las mejoras en las infraestructuras. Pero según el profesor de sociología de la Universidad de Johannesburgo, A. Desai, el Mundial es una forma de capitalismo extremo: "Se ha saqueado el tesoro para un momento histórico. Las barriadas permanecen y los puestos de trabajo no. Es tirar el dinero por el desagüe'.

Furiosos brasileños atacan los vehículos de la FIFA

Durante las protestas en la ciudad brasileña de Salvador, los manifestantes atacaron y dañaron vehículos de la FIFA. Los empleados de la FIFA en esa ciudad también dejarían de llevar ropa reconocible de la FIFA para evitar nuevos incidentes.

El miércoles se disputó en la ciudad el partido Uruguay-Nigeria en el marco de la Copa Confederaciones. La continuación del torneo en Brasil corre un serio peligro debido a las protestas que se están produciendo en el país. Varios medios de comunicación de la nación sudamericana especulan con la posibilidad de detener el evento que sirve de ensayo general para el Mundial de 2014 en el mismo país anfitrión.

Estadios caros

Cerca de un millón de brasileños salieron a la calle en todo el país para protestar, entre otras cosas, por la mala gestión financiera y social del gobierno. Los manifestantes están especialmente enfadados porque se han construido estadios carísimos, mientras que, a su juicio, no se hace nada con respecto a la pobreza en el país. Las manifestaciones masivas han entrado en su segunda semana y parecen ir en aumento.

Según algunos informes, la FIFA ya ha hecho un llamamiento urgente a los países participantes para que terminen el torneo como estaba previsto. En el caso de una de las selecciones, se dice que los jugadores ya han presionado a la dirección del equipo para que regrese a casa debido a las crecientes dudas sobre la seguridad, incluso con respecto a los miembros de la familia que viven en Brasil.

¿La moral de la hipocresía?

Es posible que Rusia no pueda participar en las barridas para el Mundial de Qatar a finales de marzo. Rusia tenía previsto enfrentarse a Polonia el 24 de marzo; el ganador de ese partido se enfrentaría a Suecia o a la República Checa el 29 de marzo en la lucha por un billete para el Mundial de 2022 en Qatar.

Supondría la suspensión total de los equipos rusos, lo que les impediría participar en torneos internacionales. Para ello, la FIFA está colaborando estrechamente con la Confederación Europea de Fútbol, la UEFA, que también está trabajando en otras sanciones. Con el Spartak de Moscú, hay otro equipo ruso en la escena europea esta temporada, en los octavos de final de la Europa League contra el RB Leipzig. A su vez, la selección femenina rusa será cabeza de serie en la Eurocopa del próximo verano en Gran Bretaña.

La Federación Mundial de Fútbol ya anunció el domingo por la noche un primer paquete de sanciones, pero no fue lo suficientemente amplio para muchos países. "Ya no se podrá terminar ninguna competición internacional en territorio ruso, los partidos en casa deberán jugarse en terreno neutral y sin espectadores", sonaba un comunicado de la FIFA.

"Además, el estado miembro que represente a Rusia lo hará bajo el nombre de RFU (Unión de Fútbol de Rusia, ed.) y ya no bajo el nombre de 'Rusia'. En los partidos internacionales de la selección nacional, se prohíben las banderas y el himno nacional", dijo la FIFA.

"La FIFA sigue manteniendo conversaciones con la UEFA y el COI, entre otros, sobre posibles medidas adicionales, como la exclusión de todas las competiciones, si no se aprecia una mejora de la situación actual en un futuro próximo."

Así que, aunque la Federación Mundial de Fútbol amenazó con una exclusión total, todavía no ha llegado a ese punto oficialmente. Sin embargo, Polonia, Suecia y la República Checa ya habían indicado anteriormente que no querían jugar contra Rusia en el Mundial. El lunes, se les unieron bastantes países. Inglaterra, Dinamarca, Irlanda, Gales, Escocia, Suiza, Albania y Noruega, entre otros, anunciaron que no querían jugar contra Rusia. A su vez, la Real Federación Belga de Fútbol KBVB apoyó la negativa de Polonia, Suecia y la República Checa a jugar contra Rusia en los partidos de clasificación para el Mundial de finales de marzo. Por ahora, Holanda ya no quiere jugar contra Rusia y Bielorrusia.

¿Cómo ocurrió en Qatar?

Las muertes durante las obras de construcción de la Copa del Mundo en Qatar están en el centro de las críticas al emirato del desierto.

Ahora, el organismo rector del fútbol mundial, la FIFA, ha confirmado las cifras oficiales: Se cree que tres personas murieron durante la construcción de los estadios. Durante mucho tiempo ha circulado la cifra de más de 6.500 muertos desde que se adjudicó el Mundial en 2010. ¿Cómo puede producirse esta discrepancia?

Según la información del comité organizador, en los últimos años han muerto tres personas en accidentes en las obras de construcción de estadios en el país anfitrión, Qatar, durante las horas de trabajo.

Así lo confirmó la federación mundial de fútbol Fifa antes del inicio del torneo a la Deutsche Presse-Agentur.

Otras 37 muertes se habrían producido sin relación directa con las obras ("muertes no relacionadas con el trabajo").

En el debate público se habló durante mucho tiempo de 6.500 muertes desde la adjudicación del Mundial. Esta cifra procede de un informe del diario inglés "The Guardian". La verdad no está en ninguno de los dos extremos: las cifras son demasiado bajas en un caso y demasiado altas en el otro.

¿En qué circunstancias surgió la figura del "Guardián"?

El número de muertes directamente relacionadas con el Mundial es demasiado elevado. En un artículo del pasado mes de febrero, el periódico escribió que "más de 6.500 trabajadores migrantes han muerto en Qatar desde que se concedió la Copa del Mundo."

La cifra recoge los datos oficiales de India, Bangladesh, Nepal, Sri Lanka (un total de 5.927 muertes) y Pakistán (824 muertes) desde 2011 hasta 2020. (No se especifica el lugar ni la causa de las muertes.

El informe del periódico inglés señala a continuación que se habrían producido 37 muertes durante la construcción de las arenas, de las cuales 34 son las llamadas muertes no relacionadas con el trabajo, sin relación directa con la obra.

El "Guardian" reproduce los datos del Comité Supremo para la Entrega y el Legado (abreviado: SC), que planifica y es responsable de la Copa del Mundo en el emirato del desierto de forma análoga a un comité organizador.

¿Cuántos muertos ha habido, hasta ahora, según los datos oficiales del comité organizador?

Además de las 37 muertes durante la construcción de los estadios mencionadas en The Guardian, en 2021 se han producido otras tres. Se dice que cada uno de estos casos son "muertes no relacionadas con el trabajo".

Así, el total oficial ascendió a 40 en el año anterior, de los cuales 37 fueron "muertes no relacionadas con el trabajo" y tres fueron muertes directamente relacionadas con la construcción del estadio. En otras palabras, no hay duda de que los más de 6500 trabajadores invitados del informe de "The Guardian" murieron en Qatar entre 2011 y 2020. Sin embargo, esta cifra incluye áreas que no se ven afectadas por la organización de la Copa del Mundo (como los empleados domésticos u hoteleros).

Sin embargo, la cifra de 40 muertos que ha dado oficialmente el comité organizador es demasiado pequeña: no incluye a los trabajadores migrantes que murieron durante la construcción de carreteras y edificios u otros proyectos de infraestructura que, sin duda, se llevaron a cabo debido a la Copa del Mundo.

Así lo expresó Nicholas McGeehan en el "Guardian" en su momento. Con su organización Fair Square, hace campaña por los derechos laborales en la región del Golfo. McGeehan dijo: "Una proporción muy grande de los trabajadores invitados que han muerto desde 2011 sólo estaban en el país porque Qatar ganó la candidatura para organizar la Copa del Mundo".

En otras palabras, sin la Copa del Mundo, muchos proyectos no se habrían realizado, aunque no estén directamente relacionados con la celebración del torneo, como la construcción de un estadio.

40 y tres: ¿cómo llega el comité organizador de la Copa del Mundo a sus estadísticas?
Entre 6500 ("Guardian") y 40 (datos oficiales) hay una discrepancia extremadamente grande - y aún más, si sólo asumimos las tres muertes mencionadas, que según el TS están directamente relacionadas con la construcción de los estadios del Mundial.

No se puede encontrar información más detallada sobre estos tres trabajadores muertos.

Pero: Un vistazo a las publicaciones del comité organizador aclara cómo éste interpreta si la muerte está directamente relacionada con el trabajo o no. Por ejemplo, dice: "El 29 de junio, un hombre indio de 38 años que trabajaba como carpintero en el estadio de Lusail fue trasladado al hospital durante el descanso con mareos (...) y dolor en el pecho (...), donde posteriormente sufrió un paro cardíaco y falleció." Esta es una de las tres muertes de 2021 que el SC contabiliza como "Muertes no relacionadas con el trabajo".

Un segundo hombre, un indio de 21 años, murió en el hospital a mediados de agosto tras ser encontrado sin respuesta en su habitación. Causa oficial de la muerte: fallo orgánico múltiple y parada cardíaca. A principios de octubre, un hombre paquistaní de 47 años se bajó de una excavadora porque "se sentía mal", según el documento del TS.

Se desplomó junto a su equipo de trabajo y no pudo ser reanimado. Causa oficial de la muerte: insuficiencia cardíaca aguda por causas naturales. No se puede negar la proximidad a la actividad de la obra, pero el TS las declara "Muertes no relacionadas con el trabajo".

En la mitad de las otras 34 muertes que se dice que no están directamente relacionadas con el trabajo, ni siquiera se investigó la causa de la muerte en primer lugar; en la otra mitad, se documenta con frecuencia un paro cardíaco, aunque no es probable que sea la causa, sino simplemente la determinación del final de la vida.

¿Qué dicen los responsables del comité organizador del Mundial?
Mahmoud Qutub es el responsable de salvaguardar los derechos de quienes trabajan o han trabajado en las obras de la Copa del Mundo. Es el director ejecutivo de derechos laborales de la SC. Qutub estudió en Washington, D.C., y posteriormente obtuvo un máster en administración de empresas en Durham, Carolina del Norte.

Hablando en perfecto inglés a los representantes de los medios de comunicación, en los que participó RND, explica que las causas de la muerte de los trabajadores fallecidos se revisan según los procedimientos establecidos ("Incident Investigation Procedure").

Dice que "en algunos casos, los familiares no querían que se realizara una autopsia". Según el informe, no se determinaron las causas de la muerte en aproximadamente la mitad de las "muertes no relacionadas con el trabajo".

Qutub también subrayó que había una distinción comprensible de las muertes según estuvieran directa o indirectamente relacionadas con las obras de construcción.

El emir catarí Tamim Al Thani habla de una "campaña sin precedentes"
A unas cuatro semanas del comienzo de la Copa del Mundo, el gobernante de Qatar ha vuelto a quejarse del nivel de críticas que se han vertido sobre su país en los prolegómenos del torneo. "Desde que tenemos el honor de acoger la Copa del Mundo, Qatar ha sido objeto de una campaña sin precedentes que ningún país anfitrión ha experimentado jamás", declaró el martes el Emir Tamim Bin Hamad Al Thani en la capital, Doha.

A poco menos de un mes del inicio de la Copa del Mundo en Qatar, la FIFA informa de un total de tres muertes en las obras de los estadios. Se dice que las otras 37 muertes no están directamente relacionadas con las obras. Esta estadística difiere en gran medida del número de víctimas mortales que se ha dado a conocer en los medios de comunicación británicos.

Según informaciones del comité organizador, tres personas han muerto en accidentes en las obras de construcción de estadios en Qatar, país anfitrión del Mundial, durante las horas de trabajo en los últimos años. La FIFA lo confirmó un mes antes del inicio del torneo (20 de noviembre-18 de diciembre) en respuesta a una consulta de Deutsche Presse-Agentur. Dijo que se habían registrado otras 37 muertes, pero que estos trabajadores no habían fallecido mientras trabajaban en las obras. Por tanto, el comité organizador clasifica estos casos como "muertes no relacionadas con el trabajo", es decir, muertes que no estaban directamente relacionadas con el trabajo.

Los medios de comunicación británicos hablan de miles de trabajadores muertos en las resacas durante los años transcurridos desde la concesión de la Copa del Mundo en diciembre de 2010. El emirato critica este relato por no diferenciar las muertes y señala numerosas reformas. Estas, a su vez, han sido criticadas por las organizaciones de derechos humanos. Amnistía Internacional y Human Rights Watch también piden la creación de un fondo de compensación, que también apoya la Asociación Alemana de Fútbol.

El presidente de la DFB, Bernd Neuendorf, viajará a Qatar con la ministra alemana del Interior, Nancy Faeser (SPD), a finales de octubre. "El viaje se centrará en las cuestiones de derechos humanos que se debatirán en torno al torneo, como la protección de las personas queer frente a la discriminación y la persecución, así como la responsabilidad de los trabajadores migrantes que construyeron los estadios de la Copa del Mundo", ha declarado una portavoz de la ministra federal del Interior.

En vísperas de la Copa Mundial de Fútbol de Qatar, sigue habiendo fuertes críticas al anfitrión. En particular, las violaciones de los derechos humanos en el país son un punto de crítica frecuente. Amnistía Internacional, organización que aboga por los derechos humanos, protestó el domingo frente a la Puerta de Brandemburgo y exigió una compensación a la FIFA.

Con una acción artística en la Puerta de Brandemburgo, Amnistía Internacional llamó la atención sobre las violaciones de derechos humanos en Qatar a poco menos de un mes del inicio de la Copa del Mundo. Al mismo tiempo, la organización pidió a la FIFA, el organismo rector del fútbol mundial, que asumiera su responsabilidad y trabajara para obtener una compensación. Los participantes en la protesta extendieron un tendedero y colgaron en él camisetas con términos como censura de prensa, trabajos forzados, discriminación, prohibiciones sindicales y arbitrariedad judicial. Qatar acoge la Copa del Mundo del 20 de noviembre al 18 de diciembre.

El rico emirato ha sido criticado en repetidas ocasiones por los abusos sistemáticos de los derechos humanos y la explotación de los migrantes. Según Amnistía, unos dos millones de trabajadores inmigrantes viven y trabajan en Qatar, y cientos de miles de ellos participan en los proyectos de la Copa del Mundo. El gobierno rechaza las acusaciones y aduce reformas a favor de los trabajadores.

Amnistía quiere que la FIFA abogue por un mecanismo de compensación. Bajo el lema "Fútbol sí. Explotación no", se deben realizar pagos de al menos 440 millones de dólares estadounidenses.

¿Esclavos o trabajadores?

Discriminación, salarios de hambre, maltrato: Un nuevo informe sobre las condiciones de trabajo en las obras de construcción de la Copa del Mundo en Qatar ofrece un panorama aterrador.

Londres. Una organización de derechos humanos ha presentado nuevas denuncias detalladas sobre la explotación de los trabajadores en los estadios de la Copa del Mundo en Qatar. Los trabajadores de países con salarios bajos han sido objeto de discriminación, no se les ha pagado su salario y han sufrido abusos y maltratos, según el informe publicado el jueves por la organización londinense Equidem.

Para el informe de 75 páginas, la organización dijo que habló con 60 trabajadores durante un periodo de dos años, todos los cuales deseaban permanecer en el anonimato.

Sus relatos sugieren que las reformas del mercado laboral adoptadas por Qatar en los años previos a la Copa del Mundo fueron ignoradas en muchos casos en la realidad.

Informaron de que tenían que pagar tasas de colocación por el empleo, lo que les dejaba muy endeudados incluso antes de empezar. Las largas jornadas de trabajo bajo un calor sofocante estaban a la orden del día,

dijeron, y los africanos y las personas del sur de Asia
tenían que realizar los trabajos más peligrosos.

Las protestas o la formación de sindicatos estaban
prohibidas. Tenían miedo de quejarse porque, de lo
contrario, podrían haber perdido sus puestos de
trabajo, informaron los trabajadores.

Qatar habla de inexactitudes y malas interpretaciones
La autora principal del informe, Namrata Raju, dijo que
los espectadores deben ser conscientes de que los
estadios en los que se sientan fueron creados en
condiciones que podrían describirse, al menos en parte,
como trabajo forzado o una forma de esclavitud
moderna. Amnistía Internacional y Human Rights Watch
han documentado abusos similares.

Preguntada por el informe de Equidem, la oficina de
medios de comunicación de Qatar dijo que sólo en
octubre se habían realizado 3.700 inspecciones y se
habían aplicado las protecciones laborales. El organismo
responsable de la organización de la Copa del Mundo, el
Comité Supremo para la Implementación y el Legado
del Torneo, dijo que el informe de Equidem estaba lleno
de inexactitudes y malas interpretaciones. Las reformas
realizadas desde 2014 han mejorado significativamente
la situación de los trabajadores, dijo.

Esta semana se ha investigado oficialmente a una
empresa constructora francesa por posibles abusos de
los derechos humanos en las obras de la Copa del

Mundo en Qatar. Las acusaciones se refieren a trabajos forzados, condiciones de vida y de trabajo inhumanas y salarios inadecuados para los trabajadores inmigrantes.

Investigaciones contra una empresa francesa: ¿Trabajo esclavo moderno en las obras de la Copa del Mundo? Dentro de unos días comenzará la Copa del Mundo en Qatar y, una vez más, los informes sobre las devastadoras condiciones de trabajo en las obras de la Copa del Mundo son noticia. Se han iniciado investigaciones oficiales contra una empresa constructora francesa.

Hannover/París. Una empresa constructora francesa ha sido investigada oficialmente por posibles violaciones de los derechos humanos en las obras de la Copa del Mundo en Qatar. Las acusaciones se refieren a trabajos forzados, condiciones de vida y de trabajo inhumanas y pago insuficiente a los trabajadores inmigrantes, según anunció el miércoles la organización de derechos humanos Sherpa.

Una portavoz de la fiscalía de Nanterre, cerca de París, confirmó este jueves a la CNN las investigaciones ordenadas por un juez contra Vinci Construction Grands Projets, filial del grupo constructor francés Vinci.

Empleados de Sherpa dijeron que habían viajado a Qatar ya en 2014 para reunir pruebas de las supuestas condiciones de trabajo inadecuadas en las obras de construcción de la Copa del Mundo. En su declaración, la organización de derechos humanos cita el trabajo forzado durante el calor extremo de más de 45 grados y sin suministro de agua, la privación de pasaporte y las malas condiciones de alojamiento con un saneamiento inadecuado y sin aire acondicionado, entre otras cosas.

A la denuncia, presentada en 2019 y en la que se nombra a doce ex trabajadores de la construcción como testigos, se sumó la organización francesa de derechos humanos Comité contre l'Esclavage Moderne.

"Las empresas no están por encima de la ley. Esta acusación envía una fuerte señal contra la impunidad de las empresas multinacionales. Demuestra que el uso del trabajo forzoso en sus cadenas de valor puede ser perseguido", afirma la directora ejecutiva de Sherpa, Sandra Cossart, en el comunicado.

Críticas a las condiciones de trabajo en las obras de la Copa del Mundo durante años
Un abogado de Vinci Construction Grands Projets negó las acusaciones a la CNN y anunció que impugnaría la decisión del juez de permitir las investigaciones. Alegó la falta de tiempo para preparar la audiencia de esta semana y habló de la insuficiencia de pruebas para respaldar las acusaciones.

Desde que se concedió la Copa del Mundo a Qatar (20 de noviembre-18 de diciembre), han surgido regularmente críticas sobre la situación de los derechos humanos en ese país y la situación de los numerosos trabajadores de todo el mundo. El diario británico "Guardian" informó a principios de 2021 sobre la muerte de 6.500 trabajadores de cinco países asiáticos en las obras del emirato en los últimos diez años.

El jueves, una organización de derechos humanos presentó también nuevas y detalladas denuncias de explotación de trabajadores en los estadios de la Copa del Mundo. Los trabajadores de países con salarios bajos han sido objeto de discriminación, no han recibido sus salarios y han sufrido abusos y maltratos, según el informe de Equidem, una organización con sede en Londres. Para el informe de 75 páginas, la organización dijo que habló con 60 trabajadores durante un periodo de dos años, todos los cuales deseaban permanecer en el anonimato.

La FIFA debe asumir su responsabilidad.

Para compensar la explotación y la muerte de los trabajadores migrantes en las obras de la Copa del Mundo, las organizaciones de derechos humanos exigen que Qatar y la FIFA creen un fondo de compensación. El emirato del desierto se ha negado hasta ahora a realizar dicho pago. Human Rights Watch hace una clara exigencia a la Asociación Mundial de Fútbol.

Wenzel Michalski, director para Alemania de Human Rights Watch, ha responsabilizado a la federación mundial de fútbol de la creación de un fondo de compensación para las víctimas en las obras del Mundial de Qatar. "La FIFA tiene que entrar en la brecha. No pueden limitarse a decir: si el gobierno no participa, eludimos la responsabilidad", afirma Michalski a la RedaktionsNetzwerk Deutschland (RND).

Junto con Amnistía Internacional, la organización de derechos humanos exige un pago de 440 millones de euros. El emirato del desierto y la Fifa deben pagar por los trabajadores invitados que fueron explotados en las obras del Mundial o que perdieron la vida. La suma equivale al dinero de los premios de las 32 selecciones nacionales que participan en el Mundial. "No se trata sólo de las muertes durante la construcción de los estadios, sino en general durante la construcción de las infraestructuras para el Mundial", subraya Michalski.

El ministro de Trabajo de Qatar, Ali bin Samich Al Marri, había calificado recientemente de "truco publicitario" la petición de un fondo de compensación. "Cada muerte es una tragedia", reconoció Al Marri, pero subrayó: "No hay criterios para establecer estos fondos. ¿Dónde están las víctimas? ¿Tienen los nombres de las víctimas? ¿Cómo se obtienen estas cifras?". Desde Human Rights Watch, por tanto, se vuelve a plantear una clara exigencia en dirección a la Fifa poco antes del inicio del Mundial. "No se trata sólo de una obligación moral, sino de una obligación legal. El empleador debe pagar a las familias de los trabajadores que han muerto o que ahora no pueden trabajar".

Oficialmente, tres muertos en las obras del Mundial Según los datos oficiales del comité organizador, tres muertes se habrían producido en las obras del estadio. Además, se habla de otras 37 muertes que se denominan "no relacionadas con el trabajo", lo que significa que, según el organizador, no estaban en cooperación directa con las obras. Según un informe del diario inglés "Guardian" de principios del año pasado, más de 6.500 trabajadores inmigrantes de India, Pakistán, Nepal y Bangladesh han muerto desde la adjudicación del torneo en 2010.

La Copa Mundial de Fútbol en Doha, la capital de Qatar, comienza el 20 de noviembre y la final tendrá lugar el 18 de diciembre. El emirato del desierto ha sido objeto de fuertes críticas, no sólo por el trato que da a los trabajadores inmigrantes, sino también por los derechos de las mujeres y de la comunidad LGBTQ+.

Según el Presidente de la DFB, Bernd Neuendorf, el organismo rector del fútbol mundial, la FIFA, también debe asumir su responsabilidad por los trabajadores que sufrieron accidentes durante la construcción de los estadios del Mundial en Qatar. Esta es también una responsabilidad que debe asumir la DFB, subrayó Neuendorf en una ceremonia de entrega de premios celebrada el lunes por la DFB.

Según el Presidente de la DFB, Bernd Neuendorf, el organismo rector del fútbol mundial, la FIFA, debe asumir su responsabilidad por los trabajadores que murieron o resultaron heridos durante la construcción de los estadios del Mundial de Qatar y que ahora no pueden alimentar a sus familias. Esta es también una responsabilidad que debe asumir la DFB, dijo Neuendorf el lunes por la noche en la ceremonia de entrega de los premios Julius Hirsch de la Asociación Alemana de Fútbol (DFB) en Dresde.

También había tratado el asunto con el Presidente de la FIFA, Gianni Infantino, durante su viaje a Qatar. Afirmó que la adjudicación del torneo fue vista de forma muy crítica. "Creo que el torneo ya ha cambiado el deporte", dijo Neuendorf. En el futuro, dijo, la adjudicación tendrá que basarse también en criterios de derechos humanos. Ese será un criterio importante para la FIFA, dijo. "Eso significa que el deporte se ha vuelto más político", explicó Neuendorf, hablando de una buena evolución. El fútbol debe alzar la voz, dijo. El Mundial en el emirato comienza el 20 de noviembre y termina el 18 de diciembre.

Este año, la DFB distinguió, entre otros, al club de la liga de distrito SV Blau-Weiß Grana de Zeitz, en Sajonia-Anhalt, con el premio Julius Hirsch. El club había acogido a muchos refugiados. Otros galardonados fueron la red educativa Lernort Stadion de Berlín y la red Erinnerungsarbeit en el marco del Hamburger SV. El premio honorífico fue para Burak Yilmaz, educador y escritor de Duisburgo.

Desde 2005, la DFB conmemora cada año a las víctimas judías del régimen nazi con este premio. Se premia a personas, clubes e instituciones por su compromiso en la lucha contra el antisemitismo y la discriminación. El premio lleva el nombre de Julius Hirsch. Fue jugador nacional de la DFB, participante olímpico y dos veces campeón de Alemania. Fue asesinado en Auschwitz en 1943.

En el llamado sistema de kafala, los empleadores ("patrocinadores") ejercen un grado excesivo de control sobre los trabajadores migrantes y su estatus legal. Hasta hace poco, los trabajadores migrantes sólo podían cambiar de trabajo o salir del país con el consentimiento de sus empleadores. Debido a la extrema dependencia de sus empleadores, los trabajadores apenas pueden defenderse de la explotación, los abusos y los malos tratos. Están completamente a merced de sus patrocinadores.

Aunque la regulación de la kafala ya ha sido abolida por ley en Qatar, sigue aplicándose en la práctica y su abolición está siendo cada vez más cuestionada. Qatar ha suprimido la exigencia de un permiso de salida y un Certificado de No Objeción (NOC) para la mayoría de los trabajadores inmigrantes, lo que teóricamente les permite salir del país y cambiar de trabajo sin pedir el consentimiento de sus patrocinadores. Pero, de hecho, los empresarios siguen teniendo la capacidad de impedir que los trabajadores cambien de trabajo y de controlar su situación legal. La retención de salarios y beneficios también dificulta que los trabajadores abandonen el lugar de trabajo. Los trabajadores inmigrantes siguen dependiendo de sus empleadores para entrar y permanecer en Qatar. Los empleadores todavía pueden presentar demandas por "abandonar el lugar de trabajo sin permiso" y cancelar los permisos de residencia, prácticas de las que se abusa para controlar la mano de obra.

A los trabajadores inmigrantes explotados les resulta difícil reclamar sus derechos o recibir compensaciones. No se les permite afiliarse a sindicatos y, por tanto, no pueden luchar juntos por unas mejores condiciones de trabajo.

¿Debemos boicotear los eventos deportivos en países con un historial de derechos humanos cuestionable?

Desde que se concedió la Copa del Mundo a Qatar hace 10 años, se han hecho llamamientos al boicot debido a la precaria situación de los derechos humanos. Aficionados, jugadores y clubes de fútbol piden que se retire el apoyo al Mundial de Qatar, expresando su protesta contra la decisión de la FIFA y la explotación de los inmigrantes. La preocupación por los derechos humanos es demasiado grande, el regusto de un alegre festival de fútbol en medio de la injusticia demasiado amargo: las razones para boicotear un evento deportivo como la Copa del Mundo de Qatar son obvias.

Al mismo tiempo, los grandes acontecimientos deportivos, como la Copa del Mundo, también tienen el potencial de hacer visibles los abusos contra los derechos humanos y provocar mejoras. La Copa Mundial de la FIFA es uno de los eventos deportivos más vistos del mundo. En 2018, más de la mitad de la población mundial vio el Mundial. Amnistía Internacional ha tomado la decisión consciente de no boicotear el Mundial de Catar, optando en cambio por aprovechar la atención del mundo como una oportunidad para un cambio positivo. Queremos centrar esta atención en quienes hacen posible este gran acontecimiento en primer lugar: los trabajadores migrantes. Nuestro papel como organización de derechos humanos es documentar la dramática situación de los trabajadores migrantes en torno a la Copa del Mundo, sensibilizar al mundo sobre su sufrimiento y presionar a los responsables para que se produzca un cambio. Aprovechamos el tiempo previo al

Mundial para poner de manifiesto la explotación de los trabajadores migrantes, exigir reformas y mejorar su situación.

A raíz de la denuncia, Qatar ya ha dado pasos importantes para proteger mejor a los trabajadores, pasos importantes, pero obviamente solo un primer comienzo. Ante la creciente presión internacional en los últimos años, el gobierno qatarí se comprometió en 2017 a abolir el sistema de kafala e iniciar otras reformas importantes. Desde entonces, sí se han hecho importantes avances en Qatar, con la introducción de nuevos marcos legales e iniciativas que mejoran la situación de los trabajadores migrantes. Entre ellas, una ley que regula la jornada laboral de los trabajadores domésticos, tribunales laborales para facilitar el acceso a la justicia, un fondo para pagar los salarios impagados y un salario mínimo. Qatar también ha abolido las leyes que anteriormente exigían a los trabajadores migrantes obtener el permiso de sus empleadores para cambiar de trabajo o abandonar el país. Se han ratificado dos importantes tratados de derechos humanos (aunque sin reconocer el derecho a formar sindicatos). Si se aplican plenamente, estas reformas pueden contribuir a eliminar los aspectos más problemáticos del sistema de kafala y permitir a los trabajadores migrantes escapar de las condiciones de trabajo abusivas y de explotación y reclamar una indemnización.

Pero desde entonces también ha habido retroceso y estancamiento. A pesar de los procesos de reforma iniciados, la vida cotidiana de muchos trabajadores inmigrantes en Qatar sigue siendo dura y la explotación continúa, en parte porque las reformas anunciadas aún no se han aplicado de forma efectiva. Por lo tanto, ya es hora de que Qatar cumpla por fin estas promesas, y la FIFA también debe estar a la altura de su responsabilidad. Como organizadora de la Copa del Mundo, la FIFA debe pronunciarse públicamente y exigir al gobierno qatarí que aplique su programa de reforma laboral antes del partido inaugural de la Copa del Mundo. Amnistía Internacional no se cansará de recordar públicamente a la FIFA sus responsabilidades.

¿Qatar quiere comprar el reconocimiento?

La película de Jochen Breyer "Secret Affair Qatar" levantó mucha polvareda incluso antes de ser emitida el martes por la noche. "¿Crees que ser gay es un pecado?", preguntó Breyer a uno de los embajadores de Qatar para la Copa del Mundo, la antigua estrella del fútbol Khalid Salman. El único qatarí al que se le permitió visitar sobre el terreno, donde las relaciones con los medios de comunicación están estrictamente controladas. "Sí, daños mentales", respondió el hombre. En realidad, el supervisor qatarí del equipo de filmación de Breyer en la ZDF quería detener la entrevista de antemano. Concretamente, en el momento en que la conversación giró en torno a los invitados gays a la Copa del Mundo, que "no están permitidos" según la ley qatarí.

"Khalid no es la persona más adecuada para comentar la ley", interrumpe la entrevista el asistente del comité organizador oficial de la Copa del Mundo. No hay más preguntas al respecto. Pero Khalid Salman aún no ha dicho todo lo que es importante para él. Sigue hablando de que sería un problema que los niños vieran a los gays. "Porque es un daño en la mente", en alemán más o menos: "Ser gay es un daño mental".

En general, Jochen Breyer aporta una visión sorprendente del estado del desierto en su documental "Geheimsache Qatar": También sobre la conexión de la

Bundesliga alemana con Qatar y la asociación de clubes de primera categoría europea "European Club Association" en particular. Según la investigación del documental de la ZDF, Karl-Heinz Rummenigge, que dirigió la asociación hasta 2017, entró en juego cuando la adjudicación del Mundial a Qatar, que se decidió en 2010, sufrió una enorme presión en los años siguientes. Muchos grandes del fútbol europeo, como la Premier League inglesa, se pronunciaron en contra de un Mundial de invierno en Qatar. De todos modos, nunca habría sido posible jugar a 40 o 50 grados en verano.

Las normas en Qatar

En muchos países europeos, el fútbol es el deporte nacional número uno y, por lo tanto, un tema emotivo para mucha gente. En la Copa del Mundo, en particular, toda la nación suele animar a su propio equipo, alentar a la selección y celebrar a los jugadores como héroes. Sin embargo, en el controvertido Mundial de Qatar hay mucho más que hablar aparte del deporte.

El emirato se enfrenta a acusaciones de diversas violaciones de los derechos humanos y está siendo criticado por ello desde muchos frentes.

Los trabajadores invitados han perdido la vida en las obras de construcción de la Copa del Mundo, y las cifras oscilan entre unos pocos y miles. Sin embargo, nadie en Qatar quiere realmente asumir la responsabilidad de las muertes.

Para comprobarlo sobre el terreno, la ministra alemana del Interior, Nancy Faeser, estuvo en Qatar. Tras su visita, sacó una conclusión positiva.

El Primer Ministro qatarí le había dado una garantía de seguridad para todos los visitantes de la Copa del Mundo, incluidos los homosexuales. No obstante, es importante que los aficionados al fútbol sigan algunas normas en el emirato.

Le mostramos las normas más importantes que debe conocer sobre el consumo de alcohol, el código de vestimenta, la sexualidad y el comportamiento general en público.

¿Se puede beber alcohol en Qatar?
La Fifa ha negociado con los organizadores qataríes dónde y quién puede consumir alcohol de forma excepcional durante el Mundial. Normalmente, el alcohol es absolutamente tabú en todo el país, pero Qatar ha basado su prohibición en el Corán.

No se servirán bebidas alcohólicas en los propios estadios. En cambio, se podrá comprar y consumir alcohol en determinadas zonas exteriores del estadio antes y después de los partidos. Además, habrá una milla del aficionado en la que se venderán bebidas alcohólicas a partir de las 18:30 horas, dijo.

Algunos bares o restaurantes también tendrán la opción de vender alcohol a las personas que puedan demostrar que son mayores de 21 años. Para dar cabida a los aficionados, en el puerto de Doha fondean cruceros en los que también se pueden servir bebidas alcohólicas a bordo.

Sin embargo, a pesar de estas excepciones, es importante que todos los visitantes respeten la cultura local, dijeron los organizadores. Aquellos que estén demasiado borrachos deben esperar que se les lleve a ciertas zonas para que se les pase la borrachera. Orinar en público se castiga con multas, y el consumo o tráfico de drogas se enfrenta a penas mucho más duras.

¿Cuál es el código de vestimenta en Qatar?
Durante la Copa Mundial, Qatar tendrá temperaturas veraniegas que rondarán los 25 grados centígrados o más. Sin embargo, la ropa de verano no estará a la orden del día para los aficionados en el lugar, el anfitrión lo dejó relativamente claro desde el principio. La ropa debe cubrir el cuerpo al menos desde los hombros hasta las rodillas, y tampoco se desean escotes profundos.

Los bañadores, bikinis o incluso la ropa en topless sólo están permitidos en las piscinas o playas donde se menciona explícitamente.

¿Está permitido besarse en público en Qatar?
En resumen, todo lo que vaya más allá de ir de la mano no es bienvenido en público. El portal de viajes "qatar-travel" lo señala. Esto incluye los besos, pero también los abrazos. Quien actúe en contra, debe contar con castigos.

El hecho de que la prostitución esté también prohibida y severamente castigada ya no es sorprendente.

¿Qué normas se aplican a los homosexuales en Qatar?
La homosexualidad es ilegal en Qatar. Según el Ministerio de Asuntos Exteriores alemán, los viajeros LGBTQI+ deben saber que en el Estado islámico "los

actos homosexuales y las relaciones sexuales no maritales están prohibidos y castigados por el derecho penal."

Por eso, aunque el Ministro Federal del Interior haya garantizado la seguridad de todos los aficionados al fútbol de la Copa del Mundo, cada persona debe saber que mostrar afecto al mismo sexo en público puede acarrear penas mucho más drásticas que para las personas heterosexuales. Los actos homosexuales pueden ser castigados con hasta siete años de prisión, y teóricamente también es posible la pena de muerte según la sharia, pero no se conocen casos en los que se haya aplicado.

Tras las declaraciones homófobas del embajador de Qatar para la Copa del Mundo, Salman, la Asociación de Lesbianas y Gays (LSVD), entre otras, expresó su preocupación por la seguridad de las personas LGBTQI+. Sin embargo, el Ministerio de Asuntos Exteriores alemán ha rechazado una advertencia de viaje solicitada para el grupo de personas en cuestión.

Por tanto, las **parejas del mismo sexo que quieran reservar una habitación de hotel** juntas deben esperar ser rechazadas. Las mejores posibilidades de conseguir una habitación en Qatar para las parejas homosexuales se encuentran en las cadenas hoteleras internacionales. La plataforma de reservas "misterb&b" ofrece una lista de alojamientos aptos para LGBTQI+ en todo el mundo, y los viajeros también pueden encontrar hoteles para Qatar a través de ella.

¿Están permitidas las declaraciones o críticas políticas en Qatar?
Que las críticas a Qatar no son bienvenidas en el emirato ha quedado relativamente claro en las últimas semanas. Una y otra vez, los organizadores de la Copa del Mundo, así como los políticos del país, se quejaron de cómo los juzgarían otros países. Por esta razón, los aficionados al fútbol locales deberían contenerse en cuanto a declaraciones o críticas políticas.

www.ingramcontent.com/pod-product-compliance
Lightning Source LLC
LaVergne TN
LVHW021238200726
843509LV00012B/1524